BEI GRIN MACHT SICH IHR WISSEN BEZAHLT

AF167823

- Wir veröffentlichen Ihre Hausarbeit,
  Bachelor- und Masterarbeit

- Ihr eigenes eBook und Buch -
  weltweit in allen wichtigen Shops

- Verdienen Sie an jedem Verkauf

Jetzt bei www.GRIN.com hochladen
und kostenlos publizieren

Change Management und Strategieimplementierung am Fallbeispiel "Bodo Müller"

Nina Arends

Bibliografische Information der Deutschen Nationalbibliothek:

Die Deutsche Nationalbibliothek verzeichnet diese Publikation in der Deutschen Nationalbibliografie; detaillierte bibliografische Daten sind im Internet über http://dnb.d-nb.de abrufbar.

ISBN: 9783346728746
Dieses Buch ist auch als E-Book erhältlich.

Deutsche Hochschule für
Prävention und Gesundheitsmanagement
Hermann Neuberger Sportschule 3
66123 Saarbrücken

Einsendeaufgabe

Fachmodul:	Strategische Unternehmensführung II
Studiengang:	Prävention- und Gesundheitsmanagement
Datum Präsenzphase:	14.12. – 18.12.2020
Name, Vorname:	Arends, Nina
Studienort:	**Saarbrücken**
Semester:	**SS 2020**

Inhaltsverzeichnis

1 TEILAUFGABE 1 – Bodo Müllers Plan

Das erste Kapitel befasst sich mit den Gründen und Aspekten des Wandels, die für Bodo Müllers weiteres Handeln innerhalb der Gesundheits- und Medizintechnik AG entscheidend waren. Zudem werden mögliche Barrieren und Widerstände für seinen Plan der Veränderung dargestellt.

1.1 Gründe für den Wandel

Zunächst lässt sich sagen, dass es trotz der guten wirtschaftlichen Lage des Unternehmens zu dem Gefühl kam, dass sich der deutsche Markt und die Kunden in Ihrem Verhalten verändert haben. Sprich, Bodo Müller erkannte aus den folgenden Gründen einen dringlichen Handlungsbedarf für die Gesundheits- und Medizintechnik AG.

Grund 1: das Marketing wurde bisher an den Bedürfnissen der Krankenhausärzte ausgerichtet, die heute aber nicht mehr die Entscheidung über die Anschaffung neuer Geräte treffen. Diese Einkaufsentscheidung tragen aus ökonomischen Gründen mittlerweile hauptsächlich die Einkaufsabteilungen der Krankenhäuser. Somit existiert hier laut Bodo Müller ein Weg der Bedarfsanalyse, der veraltet und erneuert werden muss.

Grund 2: das deutsche Gesundheitswesen hat sich in den letzten Jahren stetig verändert. Um die Qualität der medizinischen Versorgung zu gewährleisten, wird es für Krankenhäuser immer wichtiger, wirtschaftlich und ökonomisch zu handeln. Das heißt, es werden beispielsweise bestehende medizinische Geräte eher instand gehalten, anstatt sie durch neue zu ersetzen. Da die staatliche Finanzierung der Krankenhäuser sehr gering ist, gilt es, den steigenden Gesundheitsausgaben entgegenzuwirken.

Grund 3: Deutschland ist mit einem Anteil von 6% des Weltmarktes der drittgrößte Markt für medizinische Geräte nach den USA und Japan. Trotz der großen Bedeutung des deutschen Marktes sind die zu erwartenden Wachstumsraten aus verschiedenen Gründen sehr niedrig, zum Beispiel aus Gründen der allgemein geteilten politischen Meinung, einer weiteren Erhöhung der Gesundheitsausgaben sei entgegenzuwirken.

1.2   Aspekte des Strategiewandels

Um seinen Strategiewandel innerhalb der Gesundheits- und Medizintechnik AG zu realisieren, präsentierte Bodo Müller beim Treffen des Marketing-Boards harte Fakten und Zahlen. Die Hörer sollten dadurch wachgerüttelt werden und dies als klare Aufforderung zu einer Veränderung im Denken und Handeln verstehen. Für diese Überzeugungsarbeit erwähnte er unter anderem folgende Aspekte:

Aspekt 1: Das Marketing der Gesundheits- und Medizintechnik AG war bisher an den Bedürfnissen der Krankenhausärzte ausgerichtet. Da sich das Kaufverhalten aus besagten Gründen jedoch ändere, sollte zukünftig das Marketing und der Verkauf auf die Bedürfnisse und Herausforderungen des „C-Level" (bspw. CEO, CFO, CIO) gerichtet und eben nicht weiter Geld in das Marketing für Krankenhausärzte investiert werden. Dabei betonte er den Mangel an Zusatznutzen und Informationen, die sie den C-Level Kunden bisher nicht liefern konnten.

Aspekt 2: Im Markt wird die Gesundheits- und Medizintechnik AG als technologie- und ingenieursorientiert wahrgenommen. Dies war so lange ideal, solange die Kaufentscheidungen für neue Geräte von Krankenhausärzten getroffen wurden. Bodo Müller registrierte somit, dass das Unternehmen auch ganzheitliche Lösungen liefern musste, um die allgemeine Effizienz in den Krankenhäusern zu verbessern. Dies erhoffte er sich zu erreichen, indem er versuchte, die Marketing Vizepräsidenten (VPs) der sieben Produktlinien zu überzeugen, dass die Marketing-Strategien angepasst werden müssen und ein kleiner Anteil ihres Budgets in das C-Level-Marketing fließen müsse.

Aspekt 3: Mit seiner Präsentation erreichte er positive Reaktionen. Jeder war mit ihm einer Meinung, dass dies ein wichtiges Thema sei und überarbeitet werden müsse. Die VPs unterstützten die Idee im Allgemeinen, zögerten aber dennoch, ein Budget dafür einzuräumen. Trotz der Enttäuschung über das abgelehnte Budget war er immer noch überzeugt davon, dass er die entscheidende Marktherausforderung erkannt hatte. Er rief eine Arbeitsgruppe ins Leben, mit der er an seiner Idee weiterarbeiten wollte. Bodo Müller hat also weiter daran festgehalten und immer weiter versucht, seine Pläne für das Unternehmen umzusetzen.

1.3 Barrieren und Widerstände

Im Folgenden werden mögliche Barrieren und Widerstände, die sich für Bodo Müllers Plan ereignet haben könnten, übersichtlich dargestellt.

Bodo Müllers Plan - mögliche Barrieren und Widerstände	
Möglichkeit 1:	Auftreten größerer Probleme, die für das Unternehmen eher behandelt werden müssen, um beispielsweise den Unternehmensumsatz zu sichern.
Möglichkeit 2:	Hoher Zeitaufwand, da das gesamte Marketing grundlegend verändert werden soll. Keine Zeitkapazitäten bzw. sie werden dem Projekt nicht zugesprochen.
Möglichkeit 3:	Motivationsverlust, da das Projekt impliziert, dass eine „Mehrarbeit" für die Mitarbeiter der Marketingabteilung besteht und somit Engagement erfordert.
Möglichkeit 4:	Angst vor Veränderung, da aktuell kein Verlust gemacht wird, wird seine Idee als solche zwar für gut befunden, aber erhält keine Priorität und somit auch (noch) keinen Handlungsbedarf. Zudem besteht auch die Möglichkeit, dass eine gewisse Angst besteht, sich gegen die Meinung der Mehrheit zu stellen.

Tab.1: Barrieren und Widerstände (eigene Darstellung)

Abschließend muss man sagen, dass sich die möglichen Barrieren und Widerstände nicht gegenseitig ausschließen. Es kann sowohl mehrere Gründe, weitere Gründe haben, als auch nur einen entscheidenden Grund, der zum Scheitern der Umsetzung führte.

2 TEILAUFGABE 2 – Change Management

Das zweite Kapitel befasst sich mit dem Veränderungsmanagement, welches sich mit der Umsetzung zu neuen Strategien, Strukturen, Prozessen, Systemen oder Verhaltensweisen in einer Organisation auseinandersetzt. Hierbei werden die Gründe für das Scheitern von Bodo Müllers untersucht und beschrieben, wie er es erfolgreicher hätte umsetzen können.

2.1 Gründe für das Scheitern

Der Change-Management Experte Kotter entwickelte das nachfolgend dargestellte Acht-Schritte-Erfolgsmodell in den neunziger Jahren.

Gründe für das Scheitern		Veränderungen meistern
ZU viel Selbstgefälligkeit	Stufe 1	Wecken Sie ein Gefühl der Dringlichkeit
Fehlt eine ausreichend starke Erneuerungs-/ Führungskosten	Stufe 2	Stellen Sie ein starkes Leistungsteam zusammen
Die Kraft der Vision wird unterschätzt	Stufe 3	Entwickeln Sie eine klare Zielvorstellung und eine Strategie für die Veränderung
Mangelnde Kommunikation der Vision	Stufe 4	Kommunizieren Sie Ihre Vision, werben Sie um Verständnis und Akzeptanz
Zulassen, dass Hindernisse die neue Vision blockieren	Stufe 5	Sichern Sie Handlungsfreiräume, befähigen Sie Mitarbeiter auf breiter Basis
Die Unfähigkeit, schnelle Erfolge zu erzielen	Stufe 6	Sorgen Sie für kurzfristige Erfolge
Zu früh den Sieg erklären	Stufe 7	Lassen Sie nicht nach, leiten Sie weitere Veränderungen ein
Kultur bleibt unverändert	Stufe 8	Entwickeln und verändern Sie eine neue Kultur (Verhaltensweisen)

Abb.1: Das 8-Stufen-Modell von Kotter (nach Reisinger et al., 2013, S.190)

Anhand dieses Modells werden vier Gründe die zum Scheitern von Bodo Müllers Wandel genannt und erläutert.

Stufe 2: Ausreichend starke Erneuerungs- / Führungskosten fehlen

Bodo Müllers Plan wurde kein Budget zugesprochen. Daraufhin versuchte er eine Arbeitsgruppe aus den verschiedenen Unternehmensbereichen zu etablieren. Dies scheiterte daran, dass zu der eingeladenen Kick-Off Veranstaltung nur sehr wenige erschienen und die Anwesenden nicht überzeugt werden konnten.

Stufe 3: Die Kraft der Vision wird unterschätzt

Bodo Müller hatte erkannt, dass ein Wandel Sinn mache. Er hatte dafür auch viele Gründe, die er belegen konnte. Er traf zu Beginn auf Zustimmung und Akzeptanz. Allerdings mangelte es an der gemeinsamen klaren Strategie/Vorgehensweise und damit der Zielvorstellung, weswegen es dann auch nicht zu der Unterstützung kam, die Bodo sich erhofft hatte. Er hat es verpasst, eine attraktive und emotionale Vision zu schaffen.

Stufe 6: Die Unfähigkeit, schnelle Erfolge zu erzielen

Die Arbeitsgruppe von Herrn Müller hatte einen zu langen Bearbeitungszeitraum, in dem es keine Kleinziele und kein "Schritt-für Schritt-System" gab. Daher erzielte sie auch nahezu keine Ergebnisse.

Stufe 7: Zu früh den Sieg erklären

Bodo Müller hatte ein gutes Gefühl nach seiner ersten Präsentation. Er erhielt Zustimmung und damit auch eine Bestätigung dafür, dass er mit seiner Idee auf dem richtigen Weg ist. Anstatt sich mit dem Weg bis zum Ziel auseinanderzusetzen, dachte er zu schnell zu weit, was schließlich aus den bereits genannten Gründen dazu führte, dass sein Plan zum Wandel scheiterte.

2.2 Veränderungen meistern

Um Veränderungen zu meistern, bietet es sich an, das 8-Beschleuniger-Modell von Kotter zu analysieren.

Abb.2: Die 8 „Beschleuniger" von Kotter (nach Kotter, 2015, S.88)

Wie der Wandel hätte umgesetzt werden können, wird anhand des weiterentwickelten Modells von Kotter untersucht. Dabei wird auf jeden der acht Beschleuniger eingegangen und auf Bodo Müllers Situation adaptiert.

1.Ein Gefühl der Dringlichkeit für eine bedeutende Chance schaffen

Bodo Müller hätte eine gemeinsame Vision erschaffen müssen. Eine Vision, die auf Emotionen und somit auf einem Gefühl der Dringlichkeit zum Wandel beruht. Er hat es verpasst, die Mehrheit der Mitarbeiter zu überzeugen und somit aktiv unterstützt zu werden. Zum ersten Meeting hätte Bodo die gesamte Belegschaft einladen müssen und die Mehrheit nicht nur sachlich überzeugen dürfen.

2.Aufbau und Pflege einer lenkenden Koalition

Bodo Müller stellte eine Arbeitsgruppe aus den Vertretern aller Unternehmenseinheiten auf Arbeitsebene zusammen. Als sinnvoll erweist sich hier, zudem auch Mitarbeiter in Führungspositionen miteinzubeziehen. Nach Kotter (2015, S.89) wird dieses Mischverhältnis innerhalb dieses Leistungsteams benötigt, um auf einer gleichberechtigten Ebene alle Informationen besser aufzunehmen und zu verarbeiten. Diese Dynamik hätte dazu beitragen können, dass die Koalition diese Organisation aus internen als auch von externen Gesichtspunkten betrachtet. Das heißt, der Blick auf Details und das große Ganze hätte hier zur Zielverfolgung beitragen können.

3.Formulierung einer strategischen Vision und Entwicklung von Change-Initiativen

Bodo Müller hat den Fehler gemacht, keine gemeinsamen Visionen und Zielvorstellungen mit seiner Arbeitsgruppe zu erarbeiten. Die Ziele und Strategien wurden vorgegeben und somit gelang es keinem Mitarbeiter, sich mit der Idee identifizieren. Er hätte die Vision zusammen mit ihnen zu einer gut verständlichen, leicht zu vermittelnden, emotional ansprechenden und strategisch intelligent formulierten aufbauen müssen.

4.Kommunikation der Vision und der Strategie, um Unterstützung und Freiwillige zu gewinnen

Bodo Müller hat seine Vision nicht an alle vom Wandel betroffenen Mitarbeiter weitergegeben. Durch die mangelnde Kommunikation kam es zu keinem mehrheitlichen Verständnis und zur Inakzeptanz für den Wandel. Die fehlende Koalition (wie in Punkt 2 erwähnt) hätte für überzeugte, motivierte und engagierte Mitarbeiter gesorgt, die sich freiwillig für eine Vision, die als sinnvoll angesehen wird, eingesetzt hätte.

5.Beseitigung von Hindernissen, um ein rasches Vorankommen zu ermöglichen

Bodo Müller hätte schon während seiner ersten Präsentation alle Beteiligten nach möglichen Einwänden oder Kritikpunkten fragen müssen. So hätte er im Vorfeld vielen Mitarbeitern die Skepsis nehmen können und gleichzeitig vermittelt, dass er sich mit seiner Vision zuvor stark auseinandergesetzt hat. Durchaus wäre es dann auch zur finanziellen Unterstützung und zum geforderten Budget für sein Projekt gekommen.

6.Zelebrieren von schnellen, bedeutenden Erfolgen

Wie bereits in Kapitel 2.1 erwähnt, hat Herr Müller es versäumt, Kleinziele für seine Arbeitsgruppe zu setzen. Damit ein Team, welches ein Fernziel verfolgt, auch motiviert an der Arbeit bleibt, braucht es Teilziele. Diese Teilziele müssen messbar innerhalb von maximal zwei Wochen erreicht sein und zelebriert werden. Daraus schöpfen alle Beteiligten neue Motivation und werden in ihrer Arbeit bestätigt. Wären die Teilziele nicht erreicht worden, hätte Bodo Müller nach zwei Wochen eingreifen und die Gründe dafür analysieren können, anstatt nach drei Monaten festzustellen, dass keine Ergebnisse erzielt wurden und die Arbeitsgruppe den Fokus verloren hat.

7.Nicht nachlassen, stets weiter lernen und nicht zu früh den Sieg ausrufen

Wie bereits beschrieben, hat Bodo Müller zunächst die Motivation seiner Arbeitsgruppe verloren und hätte dies wie im zuvor beschriebenen Punkt anders machen sollen. Die Beteiligten müssen immer weiter und stetig motiviert werden. Auch an dieser Stelle muss er die Dringlichkeit immer wieder vermitteln.

8.Institutionalisierung des strategischen Wandels in der Unternehmenskultur

Laut Kotter (2015, S.91) kann der strategische Wandel erst Einzug in die tägliche Unternehmensarbeit halten, wenn der neue Kurs in die Unternehmenskultur integriert wird. Dies hätte Bodo Müller nur bei Erreichung aller vorherigen Punkte erlangen können, sodass alle Mitarbeiter daran mitgearbeitet hätten.

3   TEILAUFGABE 3 – Strategieimplementierung

Im dritten Kapitel geht es um die zwei Teilphasen der Strategieimplementierung. Dabei wird angenommen, dass Bodo Müller die Marketing VPs und den CEO der Gesundheits-

und Medizintechnik AG von seinem Plan überzeugen konnte. Im Folgenden werden dafür Maßnahmen für die Durchsetzungs- und Umsetzungsphase näher dargestellt.

3.1 Durchsetzung

Zunächst muss man verstehen, was der Begriff der Strategieimplementierung bedeutet. „Der Begriff Implementierung leitet sich von dem lateinischen „implementum" ab, was wörtlich übersetzt „Erfüllung" oder „Anfüllung" bedeutet" (Raps, 2004, S.27). Nach Welge & Al-Laham (2012, S.938) heißt es, dass die Implementierung im Rahmen des strategischen Managements als eine eigenständige Phase aufgefasst wird, die sich an die strategische Planung anschließt. Sie umfasst die Umsetzung strategischer Pläne in konkretes, strategiegeleitetes Handeln der Unternehmensmitglieder. Damit hat sie durch die Aufteilung in zwei Phasen verschiedene Aufgaben zu erfüllen. Es wird sich mit der Frage beschäftigt, wie das Beschlossene effektiv und strukturiert in das Verhalten der Organisationsmitglieder eingebracht werden kann. Dafür werden eine hochqualitative Strategie und Strategieimplementierung benötigt. In der ersten Phase der Durchsetzung geht es um verhaltensbezogene Aufgaben. Das heißt, hier ist vor allem Kopfarbeit und die Frage nach dem „Wie" von Bedeutung. Ziel ist es, eine Akzeptanz für die Strategie in den Köpfen der Beteiligten zu sorgen. Die nötigen Maßnahmen dieser Phase werden in drei Bereiche unterteilt:

Maßnahmen der Durchsetzungsphase		
1.Vermittlung	2.Einweisung	3.Schaffung eines strategiebezogenen Konsenses
-Vermittlung der Strategie -Verständnis der Mitarbeiter gewinnen	-Schulung hinsichtlich strategiebezogener Qualifikationen	-Zielkonflikte -Verteilungskonflikte -Durchsetzungskonflikte

Tab.2: Maßnahmen der Durchsetzungsphase (eigene Darstellung)

Jeder dieser Bereiche wird im Folgenden auf den Fall von Bodo Müller angewandt und je eine konkrete Maßnahme als Möglichkeit zur Strategieimplementierung dargestellt.

1.Vermittlung der Strategie
Bodo Müllers einzige Chance, seine Strategie zu vermitteln und implementieren zu können besteht darin, die Unterstützung jedes Einzelnen zu erhalten. Die Unterstützung und

Überzeugung der CEO und der Vizepräsidenten der verschiedenen Produktlinien des Unternehmens allein reichen nicht dafür aus. Er muss mit regelmäßigen Meetings in allen Unternehmensbereichen von seiner Strategie überzeugen. Damit das gelingt, hat er die Aufgabe, in den Köpfen aller für einen persönlich ansprechenden Sinn hinter seiner Idee zu sorgen. Mögliche Sorgen und Kritikpunkte müssen von ihm erfragt werden, um sie ihnen nehmen zu können. Alle Mitarbeiter müssen von dieser Strategie so überzeugt sein, dass der dadurch angestrebte Wandel als das einzig sinnvolle weitere Vorgehen gesehen wird.

2. Einweisung und Schulung

Ist die Vermittlung der Strategie gelungen, muss Bodo Müller den Weg zur Umsetzung aufzeigen. Die Konsequenz seiner Strategie ist ein ganzheitlicher Wandel der Marketingstrategie. Die Ausrichtung des Marketings soll sich nun nach den Bedürfnissen des C-Levels richten. Das hat zur Folge, dass sich Betriebsabläufe ändern werden müssen. Er muss sicherstellen, dass abteilungsübergreifende Weiterbildungsmaßnahmen stattfinden können (falls nötig), um die Kompetenzen der Mitarbeiter für die Strategieimplementierung vorauszusetzen. Zudem muss es aus jeder Abteilung einen Verantwortlichen geben, der jeweils dafür sorgt, dass Probleme aber auch Fortschritte in der Gesamtheit bearbeitet werden.

3. Schaffung eines strategiebezogenen Konsenses

Nach Welge & Al-Laham (2012, S.809) heißt es, wenn eine Strategieimplementierung tiefgreifenden Charakter hat, dann werden dabei in den meisten Fällen die bestehenden Machtstrukturen in dem betreffenden Unternehmen verändert. Um dies zu verhindern und eine Strategieimplementierung problemlos umzusetzen, muss sich Bodo Müller vorab überlegen, wie mit den möglichen Konflikten umgegangen werden soll. Es gibt dazu mehrere Implementierungsstile, die genau diese Konflikte verhindern sollen. Bodo Müller sollte alles daran setzen, dass das Partizipationsmodell angewandt wird. Alle Führungsebenen wirken bei der Strategieformulierung und -implementierung mit. Das kreative Potenzial aller Mitarbeiter kann somit ausgeschöpft werden. Zudem erfolgt die Nutzung einer breiten Informationsbasis und einer erhöhten Motivation, welche Bodo Müller für die Implementierung benötigt.

3.2 Umsetzung

Die zweite Phase der Strategieimplementierung ist die Umsetzung. Laut Corsten & Corsten (2012, S.209) ist die Phase der Durchsetzung sachbezogen ausgerichtet und verfolgt das Ziel eines reibungslosen Ablaufes: „Hierzu zählen die strategiebezogene Ausrichtung der Erfolgsfaktoren, die Spezifikation der Strategien und die Formulierung von Maßnahmenprogrammen". Kurz gesagt, die Umsetzungsphase beschäftigt sich mit der Frage, was zu tun ist, nachdem in der Durchsetzungsphase die Akzeptanz für den Veränderungsprozess geschaffen wurde. Diese Phase wird in drei Aufgabenbereiche unterteilt.

Aufgaben in der Umsetzungsphase		
1.Transformation	2.Anpassung der Unternehmenspotentiale	3.Motivierung
-Transformation strategischer Entscheidungen und Pläne	-Organisationsstruktur -Unternehmenskultur -Managementsysteme -Mitarbeiter -Führungskräfte	-Motivierung und Mobilisierung der Mitarbeiter

Tab.3: Aufgaben in der Umsetzungsphase (eigene Darstellung)

Jeder dieser Bereiche wird im Folgenden auf den Fall von Bodo Müller untersucht und je eine konkrete Maßnahme als Möglichkeit zur Strategieimplementierung dargestellt.

1.Transformation

Nach Haake & Seiler (2012, S.129-138) sind die strategischen Entscheidungen in konkrete Aktionen zu überführen. Bodo Müller bzw. die Gesundheits- und Medizintechnik AG müssen klar definierte (Einzel-)Maßnahmen festlegen. Darunter befinden sich wesentliche Bestandteile wie Kosten- und Ressourcenschätzungen, Festlegung von Verantwortlichkeiten, Konkretisierung von Anfangs- und Endzeitpunkten, sowie die Formulierung nach Inhalt, Ausmaß und Zeit definierten Zielen. Diese Pläne müssen zu einem Metaplan werden, damit für alle ein Gesamtüberblick vorhanden ist. Somit sind Abweichungen auch schneller erkennbar und man hat die Möglichkeit, die Gründe dafür greifen und gegensteuern zu können.

2.Anpassung

„Während der Anpassung kommt es zur entsprechenden Ausgestaltung der Organisationsstruktur, Unternehmenskultur und der Managementsysteme" (Kreikebaum, Gilbert &

Behnam, 2011, S.165-173) „sowie dem Verändern der Menschen (Venzin et al., 2010, S.223-227), das heißt der Mitarbeiter und der Führungskräfte". Die Organisationsstruktur der Gesundheits- und Medizintechnik AG hat sich verändert. Nun entscheiden nicht mehr die einzelnen Vizepräsidenten ihrer Produktlinie über das Marketing, sondern eine geschäftsübergreifende Gruppe von Mitarbeitern. Die Marketingaufgaben müssen neu verteilt werden. Die Unternehmenskultur besagt, dass jeder einzelne Mitarbeiter zum Unternehmenserfolg beiträgt und wertgeschätzt wird. Demnach sollte jeder Mitarbeiter durch das abteilungsübergreifende Arbeiten auch über die nötigen Qualifikationen verfügen. Das Management muss dabei systematisch neu aufgebaut werden, da es sich durch die Marketing-Entscheidungsbefugnis des C-Levels grundlegend verändert hat.

3.Motivierung und Mobilisierung der Mitarbeiter
Während der Umsetzungsphase kann es immer zu „Durchhängern" kommen. Rückschläge sind normal und können beispielsweise durch unerwartete Probleme und die resultierende Dämpfung der Motivation entstehen. Bodo Müllers Aufgabe ist es dafür zu sorgen, den Mitarbeitern immer wieder den emotionalen Wert dieser Zielerreichung (die Strategieimplementierung) vor Augen zu führen. Die Motivation dafür erreicht er durch das Setzen von Nahzielen/Teilzielen.

4   TEILAUFGABE 4 – Balanced Scorecard

Das vierte Kapitel beschäftigt sich mit der Strategiekontrolle. Dabei wird die Implementierung von Bodo Müllers Strategie anhand des Konzepts der Balanced Scorecard geplant. Folgend dient eine dargestellte Ursache-Wirkungskette als Kontrollinstrument für die Gesundheits- und Medizintechnik AG.

4.1   Ursache-Wirkungskette

Die folgend dargestellte Ursache-Wirkungskette basiert auf der Grundlage der Vision von Bodo Müller bzw. der Gesundheits- und Medizintechnik AG. Dabei werden die vier klassischen Perspektiven (Finanzielle, Kunden-, interne Prozess- sowie Lern- und Entwicklungsperspektive) und die Personalperspektive abgebildet. Die einzelnen Perspektiven bieten dabei den Vorteil einer multiperspektivischen Sichtweise.

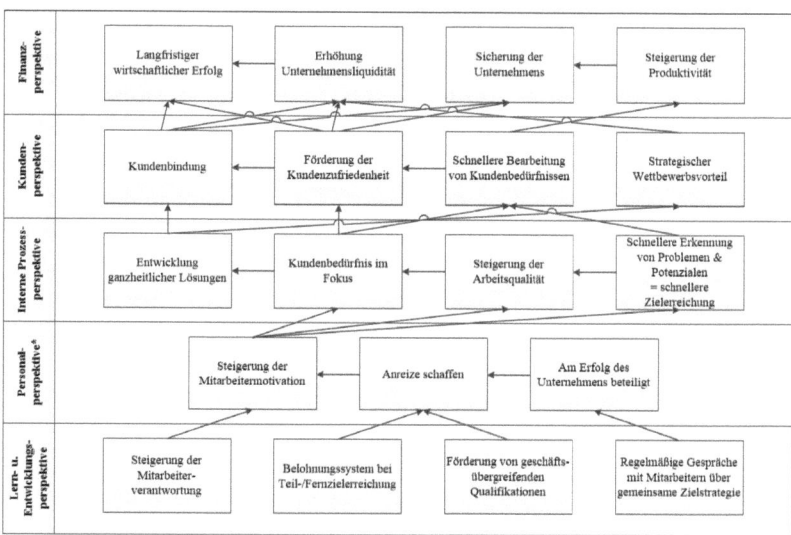

Abb.3: Ursache-Wirkungskette der Gesundheits- und Medizintechnik AG (eigene Darstellung)

4.2 Festlegung Ziele, Kennzahlen, Vorgaben und Maßnahmen

Basierend auf der bereits dargestellten Ursache-Wirkungskette sind in der folgenden Tabelle für jede der fünf Perspektiven ein Ziel, eine passende Kennzahl, eine Vorgabe und eine konkrete und dazu passende Maßnahme.

Perspektive	Ziel	Kennzahl	Vorgabe	Maßnahme
Finanz-perspektive	Langfristiger wirtschaftlicher Erfolg	Gesamtumsatz in %	10% Umsatzsteigerung in einem Jahr	die neue Marketingstrategie implementieren
Kunden-perspektive	Kundenbetreuung aktiver gestalten	Wiederverkaufsquote	75% der Kennzahl innerhalb der nächsten zwei Jahre	Key Account Management/ Ausrichtung Vertriebsmeeting
Interne Prozess-perspektive	Interne Kundenorientierung erhöhen	Schnittstellenbefragungsindex	75 Indexpunkte, in den nächsten zwei Jahren	Einführung in das interne Prozessmanagement

Personal- perspektive*	Steigerung der Mitarbeitermo- tivation	Auswertungs- kennzahlen von internen Mitar- beiterbefragun- gen	85 Indexwerte in einem Jahr	Mitarbeiterbe- fragungssysteme optimieren, digi- talisieren und automatisieren
Lern- und Ent- wicklungs- perspektive	Mitarbeiter- qualifizierung	Weiterbildungs- maßnahmen pro Mitarbeiter in- nerhalb des nächsten Jahres	Pro Jahresquar- tal eine Weiter- bildungsmaß- nahme pro Mit- arbeiter	Organisation von Weiterbil- dungsmaßnah- men (Schulun- gen/Workshops etc.)

Tab.4: Ziele, Kennzahlen, Vorgaben und Maßnahmen der Gesundheits- und Medizintechnik AG (modifiziert nach Dillerup & Stoi, 2013, S.387)

5 TEILAUFGABE 5 – Unternehmensethik

Das fünfte Kapitel beschäftigt sich mit der Unternehmensethik und dem damit zusammenhängenden wertekonformen Verhalten eines Unternehmens.

„Unternehmensethik versteht sich als eine Lehre vom friedensstiftenden Handeln der Unternehmensführung bei Konflikten mit den jeweiligen Anspruchsgruppen" (Müller-Stewens & Lechner, 2011, S.241). Im Folgenden wird ein Praxisbeispiel für einen öffentlichen Skandal dargestellt. Dabei geht es um das Unternehmen „ERGO", welches im Jahre 2007 durch eine "Sex-Party" ganz offensichtlich kein wertekonformes Verhalten erkennen ließ.

5.1 Praxisbeispiel

Über diesen Skandalfall berichtete 2012 „Die Süddeutsche Zeitung" und veröffentlichte einen internen Bericht zum Sex-Skandal der Ergo-Versicherung. Das Versicherungsunternehmen plante ein Projekt, das schwerwiegende Imageschäden zur Folge hatte. Das Unternehmen plante ein Motivationsprojekt mit dem Titel „Party Total". Die Top-Vertriebsmitarbeiter mit den meisten abgeschlossenen Verträgen zwischen November 2006 und April 2007 sollten für ihre guten Vertreterleistungen mit einer Party in Budapest belohnt werden. Beschlossen wurde diese "Incentive-Reise" von der Generalkonferenz der Hamburger Mannheimer Inter-Organisation, kurz: HMI. Diese Party fand im Juni 2007 in der Gellert-Therme in Budapest statt. Dem Bericht zufolge wurden etwa 100 Prostituierte und Hostessen eingeladen. Diese trugen Armbänder, die signalisieren sollten, ob sie für sexuelle Handlungen reserviert, frei oder wieder frei seien. Die, die bereits in sexuelle Interaktionen verwickelt waren, wurden abgestempelt. Für die besten fünf Mitarbeiter, so hieß es, gab es reservierte Prostituierte. Die Reisekosten beliefen sich dabei auf etwa 52.000€, die als Betriebskosten geltend gemacht wurden und somit steuerlich abgesetzt werden konnten (Focus, 2016).

5.2 Unternehmenswerte

Die ERGO-Group verfasste und veröffentlichte im November 2014 einen Verhaltenskodex für Mitarbeiter, leitende Angestellte und Mitglieder der Geschäftsleitung in der ERGO und ihren Unternehmen. Ziel sei es, die Integrität der Mitarbeiter/innen zu fördern. Dieser Verhaltenskodex soll allen Mitarbeiter/innen eine Hilfestellung für korrektes und ethisches Verhalten geben, dies gegenüber Kollegen, Vorgesetzten, Kunden und vor allem der Öffentlichkeit. Dabei gehen sie vor allem auf eine öffentliche Verantwortung ein. Die ERGO möchte für nachhaltiges Wirtschaften und für Transparenz zur Gesellschaft stehen.

5.3 Wertebruch

Zu allererst ist zu erwähnen, dass die aufgeführten Unternehmenswerte in Kapitel 5.2 zeitlich nach dem Sexskandal der ERGO-Group veröffentlicht wurden. Informationen über die Unternehmenswerte zum Zeitpunkt des Skandals sind nicht zu finden. Das heißt, dass dieser Skandal zwar davon abgesehen, ein ethischer Verstoß gegen wertekonformes Verhalten bleibt, aber auch bedeuten kann, dass es nach dieser Party zu einem Umdenken innerhalb der Festlegung von Unternehmenswerten kam. Das Verhalten der Führungskräfte und Mitarbeiter war zum Zeitpunkt des Vorfalls in Budapest moralisch und ethisch nicht vertretbar und damit ein Verstoß im hohen Ausmaß gegen den Verhaltenskodex. Zumindest berichtete die Frankfurter Rundschau (FR, 2011), dass die ERGO-Versicherungsgruppe ihre Verhaltensregeln nach diesem beschriebenen Skandal verschärfte. Damit gestand sich das Unternehmen ein, dass dieser Vorfall eine völlig inakzeptable und ethisch hochverwerfliche Aktion war. Dieses Geständnis war damit auch der einzige Weg, das völlig zerstörte Image des Unternehmens Schritt für Schritt wieder aufzubauen.

5.4   Konsequenzen

Dieser Skandal hatte für das Unternehmen erhebliche Konsequenzen. Im Folgenden werden zwei interne und zwei externe Konsequenzen des Unternehmens aufgeführt.

Konsequenzen des Sexskandals der ERGO-Group	
Interne Konsequenzen	1. Kampf gegen den Abbau von etwa 4000 Arbeitsstellen (Focus,2016). 2. Unternehmenseinnahmen sinken pro Jahr um 1% seit Skandal (Focus, 2016)
Externe Konsequenzen	1. ERGO verliert den prominenten Jürgen Klopp als Werbepartner (Handelsblatt, 2011). 2. Guten Unternehmensruf zerstört/Kampf um Firmenimage (Süddeutsche, 2011).

Tab.5: Konsequenzen des Sexskandals der ERGO-Group (eigene Darstellung)

6 Literaturverzeichnis

Behnam, M., Gilbert, D.U. & Kreikebaum, H. (2011). *Strategisches Management* (7., vollst. überarb. Aufl.). Stuttgart: Kohlhammer.

Corsten, H. & Corsten, M. (2012). *Einführung in das strategische Management* (Bd. 8487). Konstanz: UVK Universitätsverlag.

Dillerup, R. & Stoi, R. (2013b). *Unternehmensführung* (4.Aufl.). München: Vahlen, Franz.

Haake, K. & Seiler, W. (2012). *Strategie-Workshop. In fünf Schritten zur erfolgreichen Unternehmensstrategie* (2., überarb. und aktual. Aufl.). Stuttgart: Schäffer-Poeschel.

Kotter, J. P. (2015). Die Kraft der zwei Systeme. *Harvard Business Manager* (Spezial), 80-93.

Müller-Stewens, G. & Lechner, C. (2011). *Strategisches Management. Wie strategische Initiativen zum Wandel führen* (4., überarbeitete Auflage). Stuttgart: Schäffer-Poeschel.

Raps, A. (2004). *Erfolgsfaktoren der Strategieimplementierung. Konzeption und Instrumente* (2., aktualisierte Aufl.) Wiesbaden: Dt. Univ.-Verl.).

Reisinger, S., Gattringer, R. & Strehl, F. (2013). *Strategisches Management. Grundlagen für Studium und Praxis*. München: Pearson.

Venzin, M., Rasner, C. & Maehnke, V. (2010). *Der Strategieprozess. Praxishandbuch zur Umsetzung im Unternehmen* (2., erw. Aufl.). Frankfurt am Main [u.a.]: Campus Verl.

Welge, M. K. & Al-Laham, A. (2012). *Strategisches management. Grundlagen-prozessimplementierung*. [S.I.]: Gabler.

Internetquellen:

Interner Bericht zum Sex-Skandal der Ergo-Versicherung - "We love Hamburg Mannheimer" - Wirtschaft - SZ.de (sueddeutsche.de) Zugriff: 20.12.2020

Ergo: Orgie mit späten Folgen für Versicherungskonzern - FOCUS Online Zugriff: 20.12.2020

Verhaltenskodex. für Mitarbeiter, leitende Angestellte und Mitglieder der Geschäftsleitungen in der ERGO und ihren Unternehmen - PDF Kostenfreier Download (docplayer.org) Zugriff: 20.12.2020

Ergo verschärft Verhaltensregeln nach Sex-Skandal | Wirtschaft (fr.de) Zugriff: 20.12.2020

Ergo-Chef Oletzky kämpft um Firmen-Image - "Es ist kompliziert" - Geld - SZ.de (sueddeutsche.de) Zugriff: 20.12.2020

Sex-Skandal: Jürgen Klopp trennt sich von Ergo (handelsblatt.com) Zugriff: 20.12.2020

7 Abbildungs- und Tabellenverzeichnis

7.1 Abbildungsverzeichnis

Abb.1: Das 8-Stufen-Modell von Kotter (nach Reisinger et al., 2013, S.190)

Abb.2: Die 8 „Beschleuniger" von Kotter (nach Kotter, 2015, S.88)

Abb.3: Ursache-Wirkungskette der Gesundheits- und Medizintechnik AG
(eigene Darstellung)

7.2 Tabellenverzeichnis

Tab.1: Barrieren und Widerstände (eigene Darstellung)

Tab.2: Maßnahmen der Durchsetzungsphase (eigene Darstellung)

Tab.3: Aufgaben in der Umsetzungsphase (eigene Darstellung)

Tab.4: Ziele, Kennzahlen, Vorgaben und Maßnahmen der Gesundheits- und
Medizintechnik AG (modifiziert nach Dillerup & Stoi, 2013, S.387)

Tab.5: Konsequenzen des Sexskandals der ERGO-Group (eigene Darstellung)